LE ADR (ALTERNATIVE DISPUTE RESOLUTION): SOLUZIONI FONDAMENTALI PER IL SISTEMA FINANZIARIO ITALIANO.

a cura di Massimiliano Alessandrucci

Indice

INTRODUZIONE

p. 3

CAPITOLO PRIMO

1 - Il mercato finanziario, la Borsa e le regole

p. 5

CAPITOLO SECONDO

2 - Un "caso-esempio" importante a livello nazionale (e non solo forse) : il caso Parmalat

p. 20

CAPITOLO TERZO

3 - Le controversie bancarie e finanziarie

p. 37

CAPITOLO QUARTO

4 - Forme di tutela: le Alternative Dispute Resolution

p. 49

INTRODUZIONE

Troviamo un accordo?

E' una domanda che sentiamo e sentiremo spesso fare nella nostra vita.

Le ADR (acronimo di Alternative Dispute Resolution) ovvero risoluzione alternativa delle controversie ci permettono di rispondere si alla precedente domanda. Con il riferimento di ADR dunque si fa riferimento alle molteplici forme di risoluzione delle controversie passando per via stragiudiziale ovvero evitando i costi e i tempi elevati del procedimento giudiziario.

L'inizio delle ADR risale verso i primi anni '70 negli Stati Uniti quando ci fu una vera e propria esplosione di contenziosi dovuta principalmente ai vari movimenti per i diritti civili ed alla fine della crisi petroliera, tutto ciò comportò la necessità di ricorrere a tali procedure alternative per riuscire a gestire il carico giudiziale sopravvenuto.

L'Italia ad oggi ha accumulato e sta accumulando continuamente controversie giudiziarie: moltissime di queste fanno parte di un ramo fondamentale del nostro sistema economico: il sistema finanziario.

In questo libro vedremo dunque, dopo aver scrutato il panorama finanziario italiano per lungo e per largo, una possibile via di uscita per quel consumatore che si affaccia verso il mercato finanziario e senza neanche accorgersene si ritrova davanti una problematica, una controversia finanziaria da vincere, risolvere oppure ancor più semplicemente da riconciliare attraverso figure importanti ritrovabili nei suddetti metodi alternativi di risoluzione delle controversie o ADR: l'arbitro bancario finanziario (ABF) e il mediatore civile .

1 - IL MERCATO FINANZIARIO, LA BORSA E LE REGOLE

In Italia la crescita della finanziarizzazione economica e la globalizzazione dei mercati ha determinato in questi ultimi anni un aumento della quota di risparmio da parte di famiglie, aziende e privati investita nelle varie istituzioni tramite il ricorso del mercato finanziario, ovvero direttamente verso il mercato obbligazionario ed azionario[1]; Vediamo perciò cosa tratta nel dettaglio sia il mercato finanziario che monetario sia la "borsa" al fine di individuare poi quali sono i regolamenti attuali in essi spegando il rating, elemento essenziale per la valutazione di un titolo . Un mercato finanziario non è altro che un luogo ideale nel quale vengono scambiati strumenti finanziari di varia natura a medio o lungo termine; economicamente parlando (e precisando), il mercato, è un assetto organizzativo che favorisce l'incontro tra domanda e offerta di valori mobiliari, garantisce efficienza e osservanza di regole alle transazioni che ne determinano lo scambio,

---

[1] MIRELLA PELLEGRINI, *Le controversie in materia bancaria e finanziaria*, CEDAM 2007, pag. 73

provvede ai servizi necessari per lo svolgimento delle attività di mercato e precostituisce garanzie di tutela dei diritti di quanti sul mercato eseguono[2].

Un mercato finanziario consente dunque il trasferimento del risparmio dai soggetti che lo accumulano (soprattutto le famiglie) ai soggetti che lo richiedono (imprese), è bene precisare che un simile processo di trasferimento del risparmio da soggetti accumulatori a imprese è utilizzato anche dal Sistema Creditizio-Bancario [3].

I soggetti che reclamano liquidità sono definiti "soggetti in disavanzo finanziario" ed emanano strumenti finanziari (depositi bancari, azioni, Buoni Ordinari del Tesoro ecc..) che rilasciano ai soggetti in "avanzo finanziario" in cambio di moneta. Lo scambio tra strumenti finanziari e moneta permette la redistribuzione dei rischi economici, perché vengono percepiti in parte dagli acquirenti degli strumenti finanziari. Questi ultimi possono cedere tali strumenti ad

---

[2] MARIO BESSONE , Mercato *Finanziario e regole di vigilanza* . *Le grandi linee del sistema e i problemi della net.economy* – DIRITTO.IT, ottobre 2001

[3] Alla fine del processo generato da un qualsiasi nuovo deposito presso una qualunque banca, l'intero *sistema bancario* avrà crato riserve per un ammontare pari al nuovo deposito, mentre la somma dei nuovi depositi già in essere sempre presso l'intero sistema bancario sarà pari a un multiplo del primo deposito. L'ammontare del multiplo dipende dalla percentuale di ogni deposito che viene mutato in riserva. Anche i nuovi prestiti e investimenti dell'intero sistema bancario saranno un multiplo del primo investimento.

altri soggetti economici, permutandoli nei mercati appositi.

Esistono quindi , come sopracitato, mercati azionari, obbligazionari, dei derivati, delle opzioni, dei warrant, ecc., ciascuno con proprie regole e proprie caratteristiche.

Possono infatti darsi sia mercati organizzati con gli strumenti del diritto pubblico (costituiti da apparati amministrativi di offerta di un pubblico servizio) sia mercati invece attivati da imprese che li gestiscono in regime di diritto privato. La funzione del passaggio del risparmio si realizza con l'emissione di strumenti finanziari da parte dei soggetti in disavanzo finanziario (quelli che, con riferimento a un dato intervallo di tempo, non hanno sufficiente moneta per far fronte ai propri adempimenti) e la loro cessione, in cambio di moneta, ai soggetti in avanzo finanziario.

Il mercato finanziario viene comunemente distinto, in base alla natura degli strumenti finanziari oggetto degli scambi, più precisamente in tre sezioni:

a) mercato creditizio: commercio in cui vengono emessi e rimborsati strumenti personalizzati sulla base delle caratteristiche individuali dei contraenti non destinati alla circolazione , inoltre in questo mercato, a opera delle banche, la trasformazione delle attività, in quanto le banche acquistano dai risparmiatori disponibilità ad alta liquidità e basso grado di rischio (es.conto corrente) e poi le cedono a coloro che richiedono credito sotto forme completamente diverse per scadenza e rischio (es. prestito a lungo termine).

b) mercato mobiliare: è la concentrazione delle negoziazioni, conclusioni ed esecuzioni di contratti di compravendita di valori mobiliari e strumenti finanziari e della conseguente formazione dei prezzi, in cui vengono emessi, rimborsati e scambiati strumenti standardizzati destinati alla circolazione;

c) mercato assicurativo: in questo mercato, attraverso un contratto di assicurazione ci si garantisce contro il verificarsi di un evento futuro e incerto (rischio), generalmente doloso per la propria salute o patrimonio. L'assicurazione ha lo scopo peculiare di "trasformare il rischio in una spesa". Infatti tramite la stipula di un contratto, l'assicurando "quantifica" il danno patrimoniale che esso avrebbe se l'evento garantito (il *rischio*) si verificasse. Vengono emessi dunque strumenti finalizzati a trasferire i rischi su di un intermediario che provvede di fatto a ripartirli su tutti gli operatori esposti al medesimo rischio secondo il meccanismo dell'assicurazione.

A seconda della durata degli strumenti finanziari scambiati invece abbiamo un altra distinzione:

- il mercato monetario: qui, data la breve durata dei contratti (inferiore a 12/18 mesi) e la presenza di un mercato secondario, l'investitore ha la possibilità di investire temporanee eccedenze di fondi e l'imprenditore può risolvere temporanei fabbisogni con la possibilità di smobilitare a breve termine l'investimento.

- il mercato dei capitali: l'insieme di emissioni e negoziazioni di titoli che rappresentano prestiti monetari e di finanziamenti con vincolo di credito e/o di capitale, è fondamentalmente costituito dagli strumenti finanziari che hanno una scadenza superiore ai 18 mesi. In pratica, in questo mercato vengono trattati due grandi blocchi di strumenti finanziari: i titoli azionari e quelli obbligazionari, ovvero, i titoli di debito delle imprese private e le obbligazioni di Stato e corporate. Più propriamente in questo caso, dovremmo parlare di Mercato Finanziario, comprendendo peraltro anche le quote parti di fondi comuni di investimento[4].

- Infine in base al momento di emissione degli strumenti finanziari scambiati si distinguono:

- *il mercato primario*: in cui vengono scambiati titoli di nuova emissione tra emittenti e investitori, attuando così il trasferimento del risparmio;

---

[4] Tratto da MISTER PROFIT, Magazine di Analisi Tecnica: *Il Mercato dei Capitali*, Anno XII - n. 538, 12.08.2010

- *il mercato secondario*: in cui vengono scambiati tra investitori titoli già emessi in epoca precedente, permettendo di fatto, con la loro vendita, di mutare in moneta gli strumenti finanziari indipendentemente dalla loro naturale scadenza.

Il mercato primario e il mercato secondario sono strettamente connessi quanto a funzionalità ed efficacia. Senza un mercato secondario che assicuri la possibilità di liquidare rapidamente e con costi e rischi contenuti il proprio investimento, nessun operatore controfirmerebbe mai un'obbligazione con scadenza trentennale. D'altra parte solo attraverso il continuo apporto di nuove emissioni permette al mercato secondario di ampliarsi e di diventare sempre più liquido.

E' bene sapere inoltre che per una intera fase storica si è sperimentato il modello dei pubblici apparati ancora operanti all'inizio degli anni Novanta.

Tuttavia le normative del decreto legislativo 415 del 23 luglio 1996 dovevano istituire la radicale riforma di sistema preannunciata dal primo comma dell'art. 46 dello stesso decreto . Per sua ordine l'attività di «organizzazione» e di «gestione» di «mercati regolamentati di strumenti finanziari» diviene attività che compete a soggetti privati[5] .

Ciò ha provocato nel corso degli anni non poche ipotesi, tra le quali, qualche anno dopo un interessante riflessione di Marcello Pastrengo: ... *Gli speculatori trovano sempre modo di guadagnarci, anche quando le cose vanno male ; il povero risparmiatore non può fare altro che darsi scaramantiche toccate alle parti basse ... dopo di che non gli rimane che lo sconforto di vedere i suoi quattro soldi investiti in* borsa *che si assottigliano sempre più ...*"

Questi ed altri pensieri vengono ogni tanto riportai dai quotidiani con riferimento alle scioccanti flessioni dei mercati borsistici mondiali che hanno contraddistinto gli ultimi due,tre anni . Riflessioni che sarebbero più che giustificate fino a circa dieci anni fa, ovvero fino a quando capeggiavano gli usi bancari e gli usi di borsa sulle regole scritte . Ma "oggi" più che mai non è permesso a banche (e banchieri) di essere gli unici depositari delle celate "cose" di banca e di borsa, principalmente in quanto, come nei precedenti capitoli specificato, sono stati introdotti il nuovo testo unico bancario e la legge "SIM" 1/91, poi modificata

[5] MARIO BESSONE , Mercato *Finanziario e regole di vigilanza . Le grandi linee del sistema e i problemi della net.economy* – DIRITTO.IT, ottobre 2001

dal d.lgs. 415/96 e infine abrogata dal d.lgs. 58/98[6], il nuovo Testo Unico Finanziario, che hanno dato una consapevole esaltazione del ruolo delle ammende amministrative, decretando la relativa responsabilità della persona autrice del fatto illecito e la responsabilità in via solidale, sul piano civilistico, anche degli intermediari.

Al di là però di tutti queste, sicuramente importanti discussioni ed esposizioni, ancora una volta è giusto sottolineare nuovamente che l'unica parola categorica in questo momento è : "Etica"[7] . Etica negli affari, e cioè l'avere un atteggiamento in contrapposizione ad un atteggiamento interessato, fino ad arrivare, talvolta, a ridurre se non eliminare, i propri guadagni purché il cliente sia soddisfatto e sia tolto da effettivi rischi ed ulteriori costi. Tuttavia esiste anche un mercato secondario (ufficiale o regolamentato però), perché vengono che garantisce la possibilità di liquidare rapidamente e con costi e rischi

---

[6] Decreto Legislativo 24 febbraio 1998, n. 58 *"Testo unico delle disposizioni in materia di intermediazione finanziaria, ai sensi degli articoli 8 e 21 della legge 6 febbraio 1996, n. 52"* pubblicato nella *Gazzetta Ufficiale* n. 71 del 26 marzo 1998 - Supplemento Ordinario n. 52

[7] MARCELLO PASTRENGO, Etica e regole per garanmtire un mercato finanziario efficiente, per educare i risparmiatori e per recuperare fiducia sui mercati: *un dibattito destinato ad alimentarsi sempre di più, 2003*

contenuti il proprio investimento in quanto vengono trattati strumenti finanziari che sono già stati emessi e che sono quindi già in circolazione[8]: La borsa Valori. In senso stretto, la borsa, assieme al mercato all'ingrosso dei titoli di stato (MTS)[9], definisce l'importanza del paese come "piazza finanziaria".

Nella sua sfumatura di mercato dei capitali, la borsa è l'emblema dell'economia capitalista e, in tal senso, ha da sempre praticato un ruolo di primo piano nella struttura dei vari sistemi finanziari e nello sviluppo dei relativi sistemi economici. La sua crescita (mercato al rialzo, sinteticamente indicato con il termine "toro") si accompagna al rafforzamento delle imprese quotate e, per estensione, dalla struttura produttiva del paese e al consolidamento dello sviluppo; la sua crisi (mercato al ribasso, sinteticamente indicato con il termine "orso") dà il segnale più evidente dell'esistenza di problemi economici di natura contingente o strutturale, che possono andare a riguardare sia i singoli

---

[8] Sito ufficiale di Borsa Italiana, Enciclopedia Multimediale Wikipedia: *La borsa Valori*

[9] Prima della scadenza gli investitori istituzionali possono comprare o vendere BPT sia sul mercato secondario italiano regolamentato (MTS), tratto su Trading online ed investimenti, tutto sul Trading online ed i mercati telematici

titoli che circoscritti comparti produttivi e perché no, l'intero sistema.

Vediamo quali sono le fondamentali caratteristiche della Borsa valori:

- l'omogeneità degli operatori: in pratica solo alcuni intermediari rispondenti a richieste di specializzazione e professionalità possono accedere al mercato;

- l'accentramento delle contrattazioni: ovvero i titoli di borsa possono essere quotati solo in quel determinato mercato;

- la perfetta fungibilità dei singoli valori trattati: ciò vuol dire che valori dello stesso emittente e dello stesso tipo devono avere le stesse caratteristiche;

- la pubblicità dei prezzi applicati alle singole contrattazioni: ciò significa che tutti i dati relativi all'andamento del mercato vengono diffusi in tempo reale;

- la massima standardizzazione degli elementi contrattuali: tutti i contratti sono omogenei per quanto riguarda gli elementi contrattuali opzionali (scadenza, diritti spettanti alle parti contraenti, garanzie, etc.), cosicché le parti localizzino la loro attenzione principalmente su prezzo e quantità.

Ma come si effettuano le sedute di borsa? Le sedute di borsa si svolgono secondo determinati procedimenti, al termine dei quali si attua la redazione di un listino di borsa che indica tutte le informazioni sulle negoziazioni eseguite. Durante le negoziazioni, inoltre, si creano degli indici che aiutano gli operatori a valutare la convenienza di una specifica operazione. Già da qualche anno la Borsa Valori ha subito dei cambiamenti dovuti soprattutto a due fattori:

1) Lo sviluppo tecnologico: è stato introdotto in Borsa un nuovo sistema telematico, che consente l'incontro di domanda e offerta in tempo reale; ciò rappresenta un importante vantaggio in quanto sarà possibile effettuare negoziazioni anche rimanendo lontani dal punto di vista geografico;

2) Decreto Eurosim (decreto legislativo n. 415, 23 luglio 1996)[10]: tale decreto ha istituito che tutti i mercati ufficiali italiani devono essere autogestiti da società per azioni, anche senza scopo di lucro.

Queste società dovranno organizzare e gestire i mercati loro affidati in corrispondenza ad un regolamento stabilito in sede di assemblea ordinaria dalle stesse. La società potrà fissare le condizioni e i regolamenti di ammissione, di sospensione e di esclusione degli operatori e degli strumenti finanziari negoziati nell'ambito del mercato nonché i tipi di

---

[10] DECRETO LEGISLATIVO 23 LUGLIO 1996, *n. 415 (GU n. 186 Suppl.Ord. del 09/08/1996)*
RECEPIMENTO DELLA DIRETTIVA 93/22/CEE DEL 10 MAGGIO 1993 RELATIVA AI SERVIZI DI INVESTIMENTO DEL SETTORE DEI VALORI MOBILIARI E DELLA DIRETTIVA 93/6/CEE DEL 15 MARZO 1993 RELATIVA ALL'ADEGUATEZZA PATRIMONIALE DELLE IMPRESE DI INVESTIMENTO E DEGLI ENTI CREDITIZI.

contratti ammessi, le condizioni, le modalità delle negoziazioni le modalità di accertamento, pubblicazione e diffusione dei prezzi;

Infine passiamo brevemente a quali sono le funzioni principali della Borsa, nota indispensabile al concepimento di tutto il sistema:

- INVESTIMENTO: consente ai risparmiatori di scegliere come impiegare i propri capitali;

- FINANZIAMENTO: permette di raccogliere mezzi finanziari con l'offerta di valori mobiliari quotati ufficialmente;

- LIQUIDITA': assicura regolari contrattazioni assicurandone un rapido smobilizzo.

Da tutto ciò appare , credo pacifico, intendere che c'e una permanente esigenza da parte del cittadino comune di avere una "spalla finanziaria" che gli indichi la via del risparmio perché in tali sistemi tanto complessi raggiungere la via dell'indebitamento è un attimo; l'orientare ad un uso responsabile del denaro[11], all'effettuare scelte economiche

---

[11] MIRELLA PELLEGRINI, *Le controversie in materia bancaria e finanziaria*, CEDAM 2007, pag. 109

consapevoli, crea non solo un miglioramento delle condizioni personali di vita e di lavoro[12] ma anche una crescita statale a livello economico-finanziario. Lo Stato, dunque, deve iniziare per primo alla formazione della conoscenza collettiva[13] ispirandosi perché no allo Working Group[14] proposto nella solidarietà di un Europa socialmente forte che inserisce il singolo quale elemento finanziario e sociale indispensabile all'intera comunità dello Stato. Nel paragrafo successivo ho ritenuto necessario soffermare la mia attenzione su un evento che ha sicuramente lasciato un'impronta nella storia dell'economia globale, il caso Parmalat.

2 - UN "CASO-ESEMPIO" IMPORTANTE A LIVELLO NAZIONALE

[12] BLAPAIN – HEPPE –SCIARRA – WEISS, Fondamental Social Rights: Proposal for the European Union, Leuven, Peeters, 1996

[13] ancora MIRELLA PELLEGRINI, *Le controversie in materia bancaria e finanziaria*, CEDAM 2007, pag. 110

[14] Progetto di trattato che istituisce una Costituzione per l'Europa (18.07.2003), *http://european-convention.eu.int/bienvenue.asp?lang=IT*

(E NON SOLO FORSE) : IL CASO PARMALAT

Il "crac Parmalat" è stato il più importante scandalo di bancarotta fraudolenta e aggiotaggio perpetrato da una società privata in Europa[15]. Il colosso italiano di latticini e alimentari cadde drammaticamente verso la fine del 2003 (è stato dimostrato comunque che le difficoltà finanziarie dell'azienda fossero rilevabili già agli inizi degli anni novanta!). Fu scoperto inizialmente si in conseguenza dei controlli CONSOB verso gennaio 2003 ma principalmente grazie alla Bank of America la quale dichiarò la presenza di un documento attestante 4 miliardi di Euro sul conto di una loro filiale alle Isole Cayman totalmente contraffatto. Solo circa due mesi prima, i manager della Parmalat avevano assicurato di essere in pareggio con 4,2 miliardi di Euro, ma il 19 dicembre 2003 ammisero di l'esistenza di un debito pari a 4 miliardi di euro nelle finanze della compagnia. In realtà, dopo varie verifiche molto complesse, si calcolò che il buco lasciato dalla società di Collecchio aggirava circa a ben quattordici miliardi[16] di euro [17]: al momento della scoperta

---

[15] Report.rai.it Notizie.parma.it, Rassegna stampa del Wall Street Journal, redazione di Parma: *"Behind Parmalat Chief's Rise: Ties to Italian Power Structure"*

[16] PAOLO BIONDANI, *Associazione per delinquere nel crac Parmalat*, «Corriere della Sera», 5 novembre 2004

dunque se ne stimavano meno la metà[18]. Così con l'accusa di bancarotta fraudolenta, fu rinviato a giudizio (e in seguito condannato a dieci anni di reclusione) non solo il patron della Parmalat, Calisto Tanzi, ma anche numerosi suoi collaboratori tra dirigenti, revisori dei conti e sindaci.

Di conseguenza, finanziariamente parlando, il fallimento della Parmalat costò l'azzeramento del patrimonio azionario ai piccoli azionisti, mentre i risparmiatori che avevano investito in *bond* hanno ricevettero solo un parziale risarcimento. Tuttavia grazie al cosiddetto decreto "salva-imprese", Parmalat fu salvata dal fallimento e la sua direzione fu affidata all'amministrazione straordinaria di

---

[17] **Una parziale esposizione delle banche alla Parmalat:** Bank of America 274 milioni di dollari,

Citigroup 242 milioni di dollari, Capitalia 614 milioni di Euro, UBS 420 milioni di Euro, BancaIntesa 360 milioni di Euro, Banca Monte dei Paschi di Siena 183 milioni di Euro, Unicredito 150 milioni di Euro, Banca Nazionale del Lavoro 110 milioni di Euro, Banca Popolare di Lodi 100 milioni di Euro, Banche Popolari Unite 100 milioni di Euro, ABN Amro 70 milioni di Euro, Credem 50 million Euro, Banca Lombarda 35 milioni di Euro, Banco Popolare di Verona e Novara 35 milioni di Euro, Barclays 45 milioni di sterline, DATI REUTERS, Tratto da KAVALJIT SINGH Traduzione di Michela Graciotti, Documento originale Parmalat's Fall, *Il crack Parmalat L'Enron d'Europa?*, Febbraio 2004 Znet

[18] Notizie.parma.it, Rassegna stampa del Corriere della Sera: "Parmalat, ecco tutte le accuse a Tanzi

Enrico Bondi, che ha risanato parzialmente i conti (pur dovendo ancora rispondere completamente alle richieste di risarcimento dei vecchi risparmiatori).

Da una prima versione dei fatti riportata ai magistrati dalle persone coinvolte, i managers del Gruppofurono responsabili principalmente di quattro imputazioni:

- di frode;
- di avere nascosto perdite operative;
- di avere pagato troppo le acquisizioni di altri gruppi;
- di essere entrati in operazioni di finanza strutturata che hanno portato a perdite sconsiderate.

La frode fu tra l'altro ammessa proprio dal sopracitato amministratore delegato Calisto Tanzi nel momento in cui i fondi del gruppo parmalat furono incanalati per finanziare attività di altre società controllate dalla famiglia Tanzi.

Un esempio è quello della Parmatour società dei Tanzi che operava nel settore dei viaggi e che era in costante perdita e che quindi aveva bisogno continuo di capitale[19].

Ma vediamo adesso, cosa effettivamente accadde, più dettagliatamente rappresentando con due grafici i titoli negli ultimi 24 mesi in contrapposizione agli ultimi 6 mesi percorrendo inoltre gli undici mesi antecedenti alla scoperta del crac finanziario:

Titoli ultimi 24 mesi[20]:

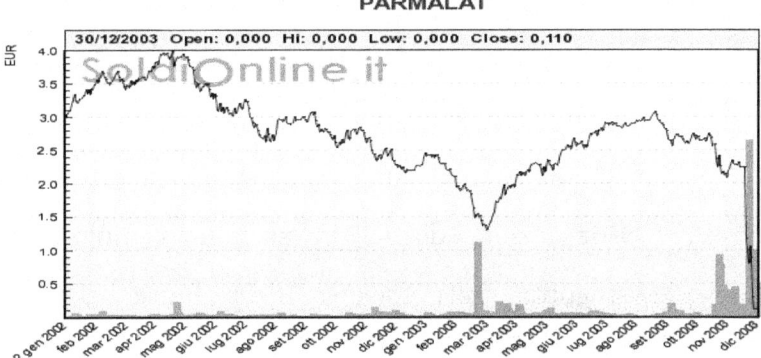

---

[19] KAVALJIT SINGH Traduzione di Michela Graciotti, Documento originale Parmalat's Fall, *Il crack Parmalat L'Enron d'Europa?*, Febbraio 2004 Znet

[20] SOLDIONLINE quotidiano economico e finanziario, Grafici Titoli Parmalat 2003

- Febbraio. Il 26 la Parmalat notifica un bond da 300 milioni rivolto a investitori istituzionali della durata di sette anni. La Borsa replica con un crollo del titolo del 9% per mancanza di informativa sull'operazione: l'azienda elimina il bond e ribadisce la propria solidità.

- Marzo. AssoGestioni[21] rimprovera il gruppo per scarsa comunicazione. Il giorno successivo Tanzi comunica un incontro a tutto campo con gli analisti in programma dopo il CdA[22] del 28: viene annunciata una crescita di capitale da 80 milioni, per rimborsare un bond di fine 2002, da approvare all'assemblea di aprile. Il 21 il titolo mette il turbo in Borsa, sull'onda delle voci di un cambio ai vertici, smentite dalla società. Il 26 Fausto Tonna[23], in

---

[21] Assogestioni è l'associazione italiana dei gestori del risparmio e rappresenta la maggior parte delle società di gestione del risparmio italiane e straniere operanti nel nostro Paese, oltre a banche e imprese di assicurazione attive nella gestione individuale e collettiva del risparmio, da
http://www.assogestioni.it/index.cfm/1,101,0,49,html/chi-siamo

[22] Il **consiglio di amministrazione** (CdA) è l'organo collegiale al quale è affidata la gestione delle società per azioni e delle altre società la cui disciplina è modellata su quella delle società per azioni. Un organo analogo, a volte con lo stesso nome, si trova anche in altri enti. Nella letteratura sulla governance aziendale il consiglio di amministrazione è denominato anche *board*, dal nome che assume negli ordinamenti anglosassoni (*board of directors*). Da Wikipedia enciclopedia

seguito alla problematica evidenziata a causa del bond di febbraio, lascia l'incarico di direttore finanziario venendo sostituito da Alberto Ferraris e da Luciano del Soldato, ma rimanendo comunque nel CdA.

- Aprile. Parmalat avvisa un rapporto tra posizione finanziaria netta e patrimonio netto alzata all' 83%.

- Settembre. Il gruppo mette al corrente che non emetterà nel medio periodo obbligazioni convertibili e obbligazioni nel breve periodo da piazzare sul mercato, avviando un programma di parziale buy-back[24]. Il 15 viene emanato un nuovo bond da 350 milioni interamente sottoscritto da Deutsche Bank. Lo stesso giorno Standard & Poor's[25] rivede al

---

[23] direttore finanziario PARMALAT nochè "braccio destro" di Tanzi (Amministatore delegato PARMALAT)

[24] Riacquisto di azioni proprie da parte di una società. Utilizzato comunemente anche per definire il riacquisto delle azioni possedute dall'investitore nel capitale di rischio da parte degli altri soci.

[25] **Standard and Poor's Corporation (S&P)**, una sussidiaria di McGraw-Hill, è una società che realizza ricerche finanziarie e analisi su titoli azionari e obbligazioni, fra le prime tre al mondo insieme a Moody's e Fitch Ratings. È ben nota per i suoi indici di borsa: S&P 500 per gli Stati Uniti e S&P 200 per l'Australia, WIKIPEDIA enciclopedia

ribasso, da positivo a stabile, l'outlook, confermando invece i rating del gruppo.

- 3 novembre. Ricapitalizzazione in vista per la Parmalat Spa: gli azionisti vengono convocati in assemblea il 24 dicembre per deliberare una crescita di capitale a pagamento da 400 a 500 milioni di euro.

- 6 novembre. La Consob, anche sull'onda della vicenda Cirio, chiede al gruppo di illustrare nella prossima trimestrale come intende rimborsare i bond in scadenza da qui al 2004.

- 10 novembre. La Parmalat replica all'Autorità che i bond saranno rimborsati utilizzando la liquidità.

- 11 novembre. E' il primo vero giorno di "sofferenza" della Parmalat story. La Deloitte & Touche[26] esprime i suoi dubbi sull'investimento nel

---

[26] anche chiamata **Deloitte & Touche** e nota come **Deloitte**) è una delle più grandi aziende di servizi di consulenza e revisione del mondo, tanto da essere considerata una delle Big Four, insieme a PricewaterhouseCoopers, Ernst & Young e KPMG. Secondo

fondo delle Isole Cayman, Epicurum: il gruppo risponde rifiutando le ipotesi di dissesto e ribadendo la propria solidità finanziaria. Ma a fine giornata Standard & Poor's pone sotto creditwatch[27] negativo tutti i rating assegnati ai titoli Parmalat a causa dei pensieri riguardanti la contabilità dell'azienda e le modalità in cui ha investito la propria liquidità.

- 12 novembre. Il gruppo annuncia l'incombente smobilizzo della quota nel fondo Epicurum e resuscita in Borsa.
- 13 novembre. Nonostante l'uscita da Epicurum, S&P[28] conserva il creditwatch con implicazioni negative. Il titolo sale ancora.

---

il sito ufficiale della società, nel 2007 Deloitte aveva approssimativamente 150.000 impiegati in 142 nazioni, WIKIPEDIA enciclopedia

[27] un evento che può implicare una variazione del rating Il rating può apparire in **credit watch** quando è atteso o si è verificato un evento che richiede informazioni addizionali per giungere ad un *rating action*. Il credit watch può essere "positive" che indica che il rating può salire, o "negative" che indica che il rating può scendere.

[28] Lo **S&P MIB** è stato un indice azionario della Borsa italiana. È stato il paniere che racchiudeva le azioni delle 40 maggiori società italiane ed estere quotate sui mercati gestiti da Borsa Italiana, WIKIPEDIA enciclopedia

- 27 novembre. Via libera dall'assemblea di Epicurum alla liquidazione della quota di Parmalat. Ceduta la Parmatour[29] ad Argho.

- 8 dicembre. Scade il bond da 150 milioni di cui è in dubbio il rimborso. La Consob chiede al gruppo di dare informazioni e di salvaguardare il mercato. Parmalat comunica che Epicurum non ha proceduto alla liquidazione della quota alla scadenza prevista del 4 dicembre. Titoli sospesi in attesa del CdA del 9.

- 9 dicembre. Il CdA certifica che il bond verrà rimborsato entro il 15 dicembre, accoglie le dimissioni di Del Soldato e nomina Enrico Bondi superconsulente. Tanzi parla di "momento difficile" e garantisce l'impegno della famiglia. S&P taglia il rating a livello CC/C e parla di rischio default. Tanzi e Bondi vengono ascoltati dalla Consob. Tonna lascia il CdA e tutti gli incarichi nel gruppo. La relazione di Bondi giungerà a fine gennaio 2004.

- 11 dicembre. Alla riapprovazione in Borsa, il titolo perde oltre il 40%.

---

[29] gruppo di villaggi turistici della PARMALAT

- 12 dicembre. Nel pomeriggio, dopo un ennesimo flop a Piazza Affari annuncia che il bond da 150 milioni è stato rimborsato. Un traguardo raggiunto grazie soprattutto al superconsulente Enrico Bondi: dall'Erario e da un gruppo di banche arrivano rispettivamente 35 milioni come restituzione dell'Iva e 25 milioni.

- 15 dicembre. Tanzi lascia cariche. Tutti i poteri affidati a Enrico Bondi che diventa presidente del gruppo. Mandato a Mediobanca e Lazard per assistere la situazione economica e finanziaria del gruppo.

Dulcis in fundo i titoli negli ultimi sei mesi[30]:

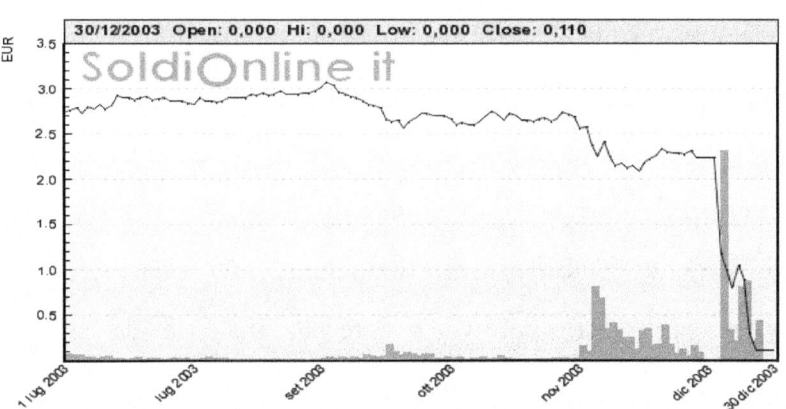

PARMALAT

E' necessario sottolineare che la Parmalat non era una normale azienda alimentare. Fondata nel 1961, la Parmalat crebbe di importanza negli anni '70, quando il latte a lunga conservazione aveva una grande richiesta a causa della reale mancanza di frigoriferi. Nei primi anni '90, la Parmalat lanciò un trend di massicci acquisti per ampliare i propri business all'Europa, l'America Latina e l'Africa. Con vendite imponentissime (arrivarono a raggiungere i 7 miliardi di Euro nel 2002) la Parmalat era un enorme società internazionale con affari commerciali e manufatturieri in più di 100 paesi. Il gruppo era inoltre proprietario del Parma AC, squadra di calcio molto importante (attualmente in serie A), che vinse addirittura la Coppa Europea nel 1993. C'e da dire poi che nonostante sia di proprieta' famigliare, la veloce ascesa della Parmalat fu facilitata da prestiti enormi da parte di banche e istituzioni finanziarie, da una struttura organizzativa competitiva e internazionale, e da astuzie finanziarie per minimizzare costi, evasioni fiscali e tappare le perdite attraverso gli anni[31].

Il tracollo della Parmalat e' stato il piu' grande scandalo finanziario in Europa, che essendo stato creato non da un comune cash-flow ma bensì dai top manager i quali "tranquillamente" si sono appropriati dei fondi e degli strumenti finanziari dell'azienda non ha solo scosso l'establishment politico italiano, gli investitori e gli allevatori, ma ha anche causato onde d'urto in tutta l'Europa e negli Stati Uniti dove la fiducia degli investitori e' già stata intaccata da vari e recenti scandali aziendali. La complessità delle manovre contabili attraverso cui i manager della compagnia si sono appropriati indebitamente dei fondi ricorda lo scandalo Enron[32] negli Stati Uniti.

---

[31] KAVALJIT SINGH Traduzione di Michela Graciotti, Documento originale Parmalat's Fall, *Il crack Parmalat L'Enron d'Europa?*, Febbraio 2004 Znet

[32] Nel 2001 la Enron (una delle più grandi multinazionali statunitensi nel "campo energetico") improvvisamente fallì. L'azienda negli ultimi 10 anni aveva avuto una crescita molto rapida, decuplicando il proprio valore e raggiungendo il 7° posto nella classifica delle più importanti multinazionali degli USA. Tuttavia nel giro di pochissimo tempo le azioni Enron, da tutti conoscite come solidissime, persero tutto il loro valore, passando dalla quotazione di 86 dollari a 26 centesimi, consumando così circa 60 miliardi di dollari nel giro di tre mesi. Ciò portò numerosi dipendenti a gravi difficoltà, poiché gli era stata fatta una proposta che permetteva loro di acquistare le azioni della società e non poterono far nulla per ripararsi dal disastro. I più alti dirigenti della società invece non subirono alcuna perdita, poiché avevano venduto le loro azioni prima del crack, realizzando così enormi guadagni; per essi infatti non era prevista alcuna clausola, che impedisse loro di liberarsi delle proprie quote. L'opinione pubblica pretese chiarimenti, poiché pareva inspiegabile che una multinazionale che aveva un

Di conseguenza e' spesso citato come "l'Enron d'Europa". Ma a differenza della Enron, la Parmalat però non stava dirigendo degli scambi commerciali fittizi; il gruppo stava anzi gestendo un vasto business nella produzione e il commercio di alimentari e latticini e aveva un enorme parte di mercato in molti paesi[33].

Insomma è banalmente pacifico, quindi, capire come tutti questi reati messi insieme (dalla frode, all' uso inadeguato di strumenti finanziari e alla collusione da parte delle società di revisione) abbiano rapidamente e facilmente condotto l'ottavo gruppo per capitalizzazione in Italia ad un inevitabile e tragico collasso economico finanziario.

Cosa invece risulta sicuramente di difficile comprensione è l'efficienza degli organi controllori quali la Banca D'Italia e la Consob. Sono loro infatti a dovere salvaguardare gli investitori da questi avvenimenti. Sono loro a dovere garantire agli investitori che le varie controparti che accedono al mercato lavorino onestamente

---

fatturato di circa 130 miliardi di dollari all'anno crollasse così rapidamente senza segnali premonito.

[33] ancora KAVALJIT SINGH Traduzione di Michela Graciotti, Documento originale Parmalat's Fall, Il crack Parmalat L'Enron d'Europa?, Febbraio 2004 Znet

e che nel caso della Parmalat le informazioni rilasciate al mercato fossero quanto meno veritiere.

La Banca d'Italia sicuramente ha effettuato i previsti controlli sui "grandi rischi" e sull'esposizione verso i singoli clienti ma non in maniera così approfondita come anche la Consob ha fatto una prima ispezione ma non ha mai controllato che i revisori dei conti della Parmalat, al di là della società formalmente incaricata della revisione, sono stati per 15 anni sempre gli stessi, quando la legge obbliga che le società di revisione possano avere l'incarico solo per tre anni rinnovabile una sola volta.

Per concludere tale argomento, circa 2 anni fa comunque, il Tribunale di Milano ha emesso una sentenza, definita "a sorpresa", sul caso Parmalat:

dei 29 imputati, dopo patteggiamenti e applicazioni di leggi "controverse" (come la ex Cirielli, nota a pag. successiva), tra le persone fisiche giudicate con rito ordinario, risulta condannato il solo Calisto Tanzi, a 10 anni di reclusione.

Tra le persone giuridiche, anche la Grant Thornton/Italaudit, prontamente multata con 240.000 euro e ad una confisca di circa 455.000 euro[34].

Tra coloro che avevano scelto il patteggiamento: condannate, con una serie di pene che vanno dai cinque mesi e 10 giorni ai due mesi, otto persone fisiche, tra le quali Paola Visconti (nipote di Calisto Tanzi), la Deloitte & Touche e Dianthus (che avevano, nel frattempo, già risarcito migliaia di parti civili).

Tra i prosciolti invece figurano:

Enrico Barachin, Giovanni Bonici (di Parmalat Venezuela), Paolo Sciumè (ex membro del C.d.A. di Parlamat di Collecchio) e il banchiere Luciano Silingardi. Per quanto concerne la posizione di Bank of America, prosciolta, il P.M. Francesco Greco dichiara il riconoscimento della prescrizione (tra l'altro modificata dalla legge Cirielli)[35].

Interessanti, infine, le recentissime dichiarazioni di Tanzi (aprile 2010), in cui chiede perdono a tutti coloro che ha

---

[34] Sole24Ore, 18 dicembre 2008

[35] La **legge n. 251 del 5 dicembre 2005** (c.d. **ex Cirielli**) comporta modifiche al Codice penale ed alla legge n. 354/1975 in materia di attenuanti generiche, di recidiva, di giudizio di comparazione delle circostanze di reato per i recidivi, di usura e di prescrizione. In particolare, diminuiscono i termini di prescrizione ed aumentano le pene per i recidivi e per i delitti di associazione mafiosa ed usura. E'detta "Ex Cirielli" perché il suo primo firmatario, il senatore Edmondo Cirielli, dopo le modifiche apportate dal parlamento la sconfessò e votò contro, richiedendo successivamente che tale legge non venisse più chiamata col suo nome.

fatto soffrire e punta il dito contro "i grandi signori della finanza" ribadendo più volte che Parmalat e lui stesso sono stati ingannati da chi orienta "immani fiumi di denaro", affermando di essere stato "fuorviato" da quella che definisce come "una vera e propria coda di finanziatori davanti alla porta" dell'ufficio di Fausto Tonna, ex direttore finanziario di Collecchio. "Finanziatori, spiega, che evidenziavano fragilità di comparti, sostenevano nel contempo necessità forsennate di espansione, propagandavano manager, offrivano a piene mani società di acquistare, presentandole sempre come punti di svolta necessari per risolvere i problemi correnti".

"Una corsa senza fine all'espansione, ricorda Tanzi, nella quale ho creduto che questo sostegno, che questi mezzi che sembravano illimitati, fossero il segno di una piena fiducia nella capacità del gruppo di produrre redditi. La mia responsabilità e' nel non aver saputo dire di no. Ma questo non e' certo delirio di onnipotenza"[36].

Sovviene tuttavia la particolare riflessione comune allora del perché preoccuparsi dell' economia reale, fatta di lavoro, di

---

[36] Portale Gruppo Adnkronos, *Crack Parmalat, Tanzi chiede perdono: "Oggi sono un uomo solo"*, ultimo aggiornamento: 20 aprile 2010

produzione, di commercio e di consumo, se è possibile guadagnare tanto con poca fatica investendo nei "giusti" titoli? Consigliati da istituti creditizi non proprio disinteressati, moltissimi risparmiatori si ritrovarono con poco, anzi direi niente in mano. Le reazioni sono tutte serie e preoccupate. Tale caso insomma, mi è parso giusto riportarlo per sottolineare come l'economia italiana talvolta non sia caratterizzata da regole efficaci, da validi ed efficienti meccanismi di controllo sui mercati finanziari. La ricerca di un modello di regolamentazione quindi è diventata una inderogabile priorità.

3 - LE CONTROVERSIE BANCARIE E FINANZIARIE

Con riguardo al precedente paragrafo, è il caso di far presente che una problemtica, o meglio una catastrofe del genere, riconduce al fondamento logico del sovraindebitamento ovvero a quella situazione patologica che viene determinata dall'impossibilità, talvolta permanente, ad adempiere con regolarità alle obbligazioni assunte attraverso il ricorso ai redditi, ai beni mobili e immobili di proprietà[37]. Mi spiego meglio, la famiglia, solitamente è chiaro che tende a risparmiare rinunciando anche a consumare risorse nel presente sia a titolo precauzionale sia per incrementare la propria capacità di consumo nel futuro; eppure, in talune occasioni (come il crac parmalat), la famiglia, il consumatore si trova a ricorrere immediatamente ad un altro costo senza avere risorse sufficienti. Questo cosa vuol dire? Vuol significare che "la famiglia del caso" andrà ad appellarsi ad una banca, ad un intermediario finanziario per adempiere alle proprie obbligazioni.

Ma qui sovviene un altro dubbio: se tale "famiglia del caso" non verrà correttamente ed adeguatamente consigliata, come si ritroverà dopo? E se la "famiglia del caso" verrà consigliata come la volta precedente? Cioè, se quella "famiglia del caso" quando investì i propri risparmi fosse

---

[37] Benjamín Peñas Moyano – Universitad de Valladolid, Donatella Porrini – Università del Salento,

IL SOVRAINDEBITAMENTO DELLE FAMIGLIE: IL RIMEDIO DEL FALLIMENTO DEL DEBITORE E L'ESPERIENZA SPAGNOLA

stata correttamente ed adeguatamente informata, adesso si troverebbe davanti a tutti questi dubbi? La risposta alle prime due domande ci fa replicare con un'altra ipotesi, un altro dubbio, insomma, che si accavalla agli altri.

La risposta alla terza domanda è invece è molto semplice e diretta: NO.   E' pacifico intendere che la "famiglia del caso" spesso, negli ultimi anni se non da sempre, si è trovata in situazioni di sovraindebitamento proprio per colpa degli attori del mercato finanziario; sul piano giuridico, questa situazione può essere considerata come inadempienza.

A ben considerare, infatti, che in base ad un analisi compiuta da vari studiosi nella maggior parte delle controversie la clientela reclama violazioni da parte di banche e/o intermediari degli obblighi che a questi fanno carico. Sviluppiamo perciò tali doveri su cui ruota sia teoricamente che praticamente il sistema finanziario; principalmente possiamo definirli con cinque[38] termini gli obblighi che la banca e l'intermediario devono rispettare:

---

[38] secondo il *dictatum* legislativo (art. 21 - d.l. 58/98): *"… a) comportarsi con diligenza, correttezza e trasparenza, nell'interesse dei clienti e per l'integrità dei mercati; b) acquisire le informazioni necessarie dai clienti e operare in modo che essi siano sempre adeguatamente informati; c)*

- correttezza

- trasparenza

- informazione

- adeguatezza

- diligenza

La correttezza ci riconduce sia all'art. 1175 c.c. (correttezza) [39] che all'art 1147 c.c. (buona fede)[40]; Il principio così estrapolato si esplica dunque nell'imporre alle parti del rapporto obbligatorio il dovere di agire in modo da preservare gli interessi dell'altra, a prescindere dall'esistenza o meno di specifici vincoli contrattuali o legali[41]

---

organizzarsi in modo tale da ridurre al minimo il rischio di conflitti di interesse e, in situazioni di conflitto, agire in modo da assicurare comunque ai clienti trasparenza ed equo trattamento; d) disporre di risorse e procedure, anche di controllo interno, idonee ad assicurare l'efficiente svolgimento dei servizi; e) svolgere una gestione indipendente, sana e prudente e adottare misure idonee a salvaguardare i diritti dei clienti sui beni affidati…".

[39] Art. 1175 Comportamento secondo correttezza . Codice civile - LIBRO QUARTO DELLE OBBLIGAZIONI - TITOLO I DELLE OBBLIGAZIONI IN GENERALE - CAPO I Disposizioni preliminari

[40] Art.1147 - *Possesso di buona fede* - E' possessore di buona fede chi possiede ignorando di ledere l'altrui diritto. La buona fede non giova se l'ignoranza dipende da colpa grave. La buona fede è presunta e basta che vi sia stata al tempo dell'acquisto.

[41] Cass. Civ., sez. I, 05.11.1999, n. 12310, in Società, 2000, 303

comportando dunque la convinzione genuina del soggetto di agire in maniera corretta: cioè privo di malizia e nel sostanziale rispetto delle regole e degli altri soggetti. La buona fede implica quindi la totale mancanza della consapevolezza del danno che eventualmente si sta procurando ad altri o del fatto che si sta contravvenendo a delle regole o che le si sta nei fatti aggirandole.

Il dovere di comportarsi correttamente nelle trattative precontrattuali si completa, perciò, nell'obbligo di attivarsi, fino ai limiti di un apprezzabile sacrificio, per evitare che il contratto si riveli inutile e dannoso per la controparte.

Tale obbligo sembrerebbe necessariamente intrecciato con il dovere di acquisire, dal risparmiatore, le informazioni utili a valutare quale sia il tipo di prodotto o strumento finanziario allo stesso più confacente[42].

La buona fede dunque è strettamente connessa in quanto corrisponde all'agire di un soggetto che non intende ledere nessuno, né ha un minimo sospetto che il suo

---

[42]CONVERSO Rosaria, "BANCHE E INTERMEDIARI. CINQUE IMPERATIVI CATEGORICI: DILIGENZA, CORRETTEZZA, TRASPARENZA, INFORMAZIONE ED ADEGUATEZZA", 27 gennaio 2009, in reportorio giuridico online PERSONA E DANNO a cura di Paolo Cendon

comportamento possa essere lesivo altrimenti vuol dire che agisce in malafede.

Per quanto attiene, invece, all'obbligo di trasparenza, **persegue indubbiamente l'obiettivo di rendere conosciuto ai clienti gli elementi essenziali del rapporto contrattuale e le loro variazioni nonché di promuovere e salvaguardare la concorrenza nei mercati bancario e finanziario.**

In pratica, la banca e/o l'intermediario finanziario devono predisporre contratti e clausole contrattuali chiari, leggibili indicando i vantaggi e gli svantaggi che comporta la sottoscrizione di questi senza oscurare alcun elemento a prescindere che sia più o meno importante in modo che il cliente possa fare una scelta negoziale senza avere poi alcuna sorpresa.

Fortemente attinente a ciò, è l'obbligo di informazione, ovvero, il prospetto informativo (indubbiamente redatto in forma scritta) deve, indispensabilmente, consegnarsi al risparmiatore in tempo necessario perché possa prenderne visione e valutarne le possibili condizioni; le informazioni da comunicare al risparmiatore sono, pertanto, tutte quelle utili per l'esercizio del diritto di valutazione e scelta della siglanda scrittura: un vero e proprio "consenso informato", basato, nel caso di prodotti finanziari, su una previa e completa valutazione effettiva di tutte le caratteristiche dello strumento o del prodotto[43].

Il legislatore del 1998, nello scrivere l'art. 21 del TUIF[44], ha reclamato obbligatoriamente dagli intermediari finanziari lo svolgimento della loro attività *"...in modo adeguato rispetto alle specifiche esigenze dei singoli..."*.

Da tale oggetto si ricava un importante principio di portata generale, per convenienza definibile di "adeguatezza", un obbligo fondamentale in cui, la banca e/o l'intermediario finanziario, dopo aver effettuato un analisi della situazione economico-finanziaria (e sociale) del consumatore , debbano andare a consigliare a quest'ultimo un prodotto

---

[43] CONVERSO Rosaria, "BANCHE E INTERMEDIARI. CINQUE IMPERATIVI CATEGORICI: DILIGENZA, CORRETTEZZA, TRASPARENZA, INFORMAZIONE ED ADEGUATEZZA", 27 gennaio 2009, in reportorio giuridico online PERSONA E DANNO a cura di Paolo Cendon

[44] L'art. 21 del TUF contiene una serie di principi generali di condotta che devono essere osservati nelle attività di distribuzione dei prodotti assicurativi tra cui spiccano: l'obbligo di agire con diligenza, correttezza e trasparenza e nell'interesse dei clienti; l'obbligo di informare e informarsi sul cliente; l'obbligo di evitare le situazioni di conflitto di interesse e, nelle situazioni di conflitto, di agire in modo da assicurare comunque ai clienti trasparenza ed equo trattamento.

consono alle proprie esigenze , individuando i servizi migliori per lui.

E' chiaro che tale principio vada ad intaccare l'importanza , per il cliente, di avere una consulenza approfondita che esamini perfettamente, non tramite metodologie standard, la sua capacità di rischio e la sua stabilità economico-patrimoniale al fine di eliminare qualsiasi rischio nel futuro di un problematico indebitamento finanziario; un esempio tangibile risale a qualche anno fa, quando banche e intermediari finanziari consigliarono l'investimento dei bond argentini: moltissime persone si trovarono in gravi difficoltà finanziarie perché non vennerro adeguatamente avvertite sul rischi di acquisire tali titoli. Fortunatamente, talvolta, la legge riesce a fare giustizia, ovvero nel luglio 2010, due famiglie toscane (Prato) dopo una causa giudiziaria durata vari anni[45] con una Banca, sono riuscite ad ottenere ragione grazie all'intermediazione dell'Adiconsum[46], la quale è riuscita a

---

[45]LA NAZIONE, *Bond, due famiglie vincono la causa la banca le risarcirà*, Prato 06 luglio 2010 – inoltre in Sito Web Ufficiale LANAZIONE.IT

[46] **Adiconsum** è un'associazione di consumatori con oltre 122.000 associati costituita nel 1987 su iniziativa della **CISL**. Essa opera **a tutela dei consumatori in piena autonomia** dalle imprese, dai partiti, dal governo e dallo stesso sindacato. È presente in tutte le Regioni italiane con 283 sportelli di informazione e consulenza nelle maggiori città. Si avvale dell'opera di 35 operatori a tempo pieno, di 105 collaboratori part-time e di centinaia di volontari, tratto da ADICONSUM.IT, Sito Web Ufficiale, http://www.adiconsum.it/adiconsum/pages/PageArea_Detail.aspx?h=46&n=0

dimostrare la mancanza dei doveri di correttezza, trasparenza, informazione ed adeguatezza da parte della banca che, se avesse fornito ai clienti informazioni chiare e trasparenti sui bond argentini, secondo l'articolo 28[47] del Regolamento Consob, sarebbe emerso l'altissimo rischio dell'investimento.

Infine, non ci rimane che andare ad esaminare un principio fortemente radicato nella giurisprudenza: la diligenza. Tale obbligo, art. 1176 c.c.[48], implica indiscussamente che la banca e/o l'intermediario finanziario svolgano il proprio lavoro con efficienza e professionalità "sentendo la pratica come propria" e cioè effettuando la prestazione lavorativa con cura e cautela, pertanto rispettando e conoscendo perfettamente la normativa vigente del caso.

A tal proposito, proprio Il Governatore della Banca d'Italia, Mario Draghi, è intervenuto il 21 febbraio 2009 al 15°

---

[47] art. 28 del regolamento Consob 11522/1998, per non avere, l'intermediario, effettuato o consigliato operazioni se non dopo aver fornito all'investitore informazioni adeguate sulla natura, sui rischi e sulla implicazione della specifica operazione o del servizio, la cui conoscenza sia necessaria per effettuare consapevoli scelte di investimento o disinvestimento

[48] Art. 1176 Diligenza nell'adempimento Codice civile - LIBRO QUARTO DELLE OBBLIGAZIONI - TITOLO I DELLE OBBLIGAZIONI IN GENERALE - CAPO II Dell'adempimento delle obbligazioni - SEZIONE I Dell'adempimento in generale

Congresso degli operatori finanziari, soffermandosi sull'importanza dell' essere onesti e precisi con il consumatore, ovvero dimostrando **trasparenza** e **correttezza**; Draghi ha annunciato inoltre che i documenti per la clientela saranno sempre più chiari, sintetici e confrontabili.

In parole semplici, tutti questi principi, sono indispensabili per il buon andamento del mercato finanziario: la prima fase di contatto, esempio, tra il consumatore e le banche o l'intermediario finanziario non deve essere esclusivamente un momento relazionale o peggio ancora un momento per vendere uno strumento finanziario ma bensì un modo per instaurare un rapporto col cliente capendo quali sono i suoi dubbi, le sue perplessità al fine di potergli fornire un consiglio corretto, trasparente, informativo, adeguato e con la dovuta diligenza "del buon padre di famiglia"[49], al fine di dare a lui un consiglio giusto per le sue necessità insomma.

---

[49] definizione ad effetto per indicare un comportamento che qualunque persona avveduta avrebbe tenuto in una determinata situazione. Ci si riferisce al padre di famiglia perchè dovrebbe essere per definizione una persona saggia ed accorta. Espressione utilizzata, ad esempio, nel caso in cui sia stata compiuta una violazione contrattuale in buona fede: se si è utilizzata la "diligenza del buon padre di famiglia" significa che si è fatto tutto ciò che era possibile per adempiere correttamente.

Appare evidente che per fare questo è indispensabile che il consulente del caso abbia un ampia professionalità lavorativa disponendo di una buona cultura finanziaria (e generale talvolta) affinché questi possa far comprendere le ragioni che lo spingono a far effettuare una scelta di un prodotto piuttosto che di un altro. Inoltre, è bene che l'istituto mostri tutti gli strumenti da lui indicati con trasparenza e correttezza formalizzando, perché no, in modalità scritta ogni precisazione e obiezione del cliente.

Tralasciando di analizzare nel dettaglio le varie questioni che in materia potrebbero ancora prospettarsi, concludiamo questo paragrafo evidenziando che, mentre inizialmente, la delibera CICR del 1962 (con cui venne istituito il servizio di segnalazione dei rischi) negava l'accesso ai dati della Centrale delle banche ed agli stessi clienti il controllo sulla stabilità del settore, la successiva delibera del Comitato del 29 marzo 1994[50], al punto 4, ha aggiornato la modalità organizzatoria della Centrale perseguendo che la Banca d'Italia, le altre banche e gli

---

[50] COMITATO INTERMINISTERIALE PER IL CREDITO ED IL RISPARMIO DELIBERAZIONE 29 marzo 1994 Disciplina della Centrale dei rischi. Coordinamento con le norme del testo unico delle leggi in materia bancaria e creditizia

intermediari finanziari di cui all'art. 107 del TUB *"possono comunicare ai terzi le informazioni registrate a loro nome secondo la procedura indicata dalla Centrale Rischi"* , permettendo così che i soggetti censiti, tramite il diritto di accesso ai dati della Centrale, possono conoscere eventuali errori compiuti dalla banca che ha effettuato la segnalazione[51].

Alla luce di quanto riportato, si riscontra comunque, per fortuna, un rigido sistema di responsabilità che salvaguarda la tutela del singolo privato con l'obiettivo di assicurare la stabilità economico-sociale del paese attraverso l'interesse pubblico della tutela del risparmio.

4- FORME DI TUTELA: LE ALTERNATIVE DISPUTE RESOLUTION (ADR)

---

[51] MIRELLA PELLEGRINI, *Le controversie in materia bancaria e finanziaria*, CEDAM 2007, pag. 123 ss

Quanto sopra premesso, occorre muovere adesso la nostra attenzione sulle molteplici forme di tutela delle controversie bancarie e finanziarie.

La riflessione sui mezzi di tutela che l'ordinamento predispone a salvaguardia delle posizione giuridiche soggettive cioè che ne fanno parte è momento perfetto nel contesto di un attuato riconoscimento della titolarità dei diritti di cui è portatrice la normativa primaria o secondaria.

I clienti delle banche e degli altri intermediari finanziari (intermediari finanziari iscritti negli elenchi previsti dagli articoli 106 e 107 del TUB, mediatori, agenti in attività finanziaria, cambiavalute) inoltrano di frequente esposti alla Banca d'Italia per chiedere un intervento con riguardo a questioni insorte nell'ambito di specifici rapporti contrattuali. C'e da sottolineare secondo i dati evidenziati dalla dirigente di via Nazionale che solo nel 2009 Bankitalia ha ricevuto circa 7.500 esposti; quasi il doppio rispetto a un anno prima e che nella maggior parte dei casi hanno riguardato le condizioni economiche dei conti correnti, soprattutto per l'applicazione delle commissioni su affidamenti e sconfinamenti e massimo scoperto, nonostante i recenti interventi del legislatore.

La Banca d'Italia, comunque, in ragione di compiti istituzionali a essa affidati e ferma restando la competenza delle altre autorità, e in particolare quella della Consob in materia di trasparenza e correttezza dei comportamenti degli intermediari nella prestazione dei servizi di investimento e accessori, disciplinati dal TUF , esamina gli esposti relativi a operazioni bancarie e finanziarie adottando un approccio diretto e attento alle esigenze dell'esponente. A questo punto nell'arco di una giusta tempistica, l'eventuale controversia dovrebbe essere sviluppata e finalizzata trovando una soluzione, in realtà, l'indolenza nel trovare un adeguato rimedio (se viene trovato), spesso è esasperante, proprio come suggerito dal Presidente dell'Autorità garante della concorrenza e del mercato (incarico che ricopre dal 9 marzo 2005) Antonio Catricalà[52] che punta il dito contro la lentezza da parte del sistema finanziario italiano nell'accogliere ed adeguarsi alle istanze formulate

---

[52]Antonio Catricalà (Catanzaro, 7 febbraio 1952) è un giurista italiano. Attualmente è Presidente dell'Autorità garante della concorrenza e del mercato, incarico che ricopre dal 9 marzo 2005. Laureatosi in giurisprudenza in Roma, ha in seguito vinto il concorso in magistratura ordinaria, nonché superato l'esame di abilitazione all'esercizio della professione forense. Quale professore a contratto nella facoltà di Giurisprudenza dell' Università degli studi di Roma Tor Vergata ha insegnato diritto privato. Attualmente è titolare della cattedra di Diritto dei consumatori all'Università LUISS Guido Carli, WIKIPEDIA enciclopedia Web

dall'Antitrust, reclamando in particolare: «Non è accettabile – osserva Catricalà - che chi vada in rosso sul conto corrente in maniera occasionale e magari per un solo euro, paghi molto di più di chi lo faccia in forma continuativa» aggiungendo poi «chi lo fa in maniera occasionale, magari per un solo euro, paga anche 15 volte in più di quando c'era la commissione di massimo scoperto». «Non ci sono pratiche illegali – evidenzia Catricalà - ma le banche hanno approfittato di un vuoto normativo. Ci auguriamo che il Parlamento intervenga. Serve una legge che spieghi che i tetti applicati con il contratto di massimo scoperto si devono applicare anche senza una convenzione». Le banche, ha quindi spiegato, devono tutelare sempre le esigenze dei consumatori dal momento che «un'efficace tutela dei consumatori-clienti dei servizi e prodotti bancari e finanziari accresce la fiducia nel sistema finanziario, contribuisce alla stabilità dello stesso, attenua le ripercussioni sull'economia reale»[53]. Tuttavia , Catricalà ha anche riconosciuto che il nostro sistema attualmente è sano e sta progressivamente migliorando. A tal proposito, è bene considerare come

---

[53] Rossella Bocciarelli, **Catricalà critica le banche sul massimo scoperto,** ILSOLE24ORE.COM - Notizie Finanza e Mercati, 19 MARZO 2010

l'Italia abbia comunque un importante associazione (che si sta sempre più affermando) nata il 13 maggio 1987 da un gruppo di tecnici che lavoravano prevalentemente in banche ed in compagnie d'assicurazione, con lo scopo di difendere i cittadini da soprusi e malefatte del sistema creditizio, finanziario e assicurativo: l'ADUSBEF (l'Associazione Difesa Utenti Servizi Bancari, Finanziari, Postali, Assicurativi)[54]. Tale associazione è specificatamente specializzata nei problemi relativi all'utenza del settore bancario ed assicurativo, ma nel tempo ha integrato la propria attività grazie al contributo di associati con varie specializzazioni anche nel settore postale e telefonico;

---

[54] Dal maggio 1987, Adusbef (Associazione Difesa Utenti Servizi Bancari Finanziari Assicurativi Postali), particolarmente specializzata nel settore bancario, finanziario, assicurativo, combatte aspre battaglie in difesa dei diritti dei cittadini in ogni settore consumerista.

Adusbef ha denunciato le malefatte del potere economico-finanziario (Lombardfin, Enimont, Imi-Sir), costretto le banche a maggiori livelli di trasparenza; le assicurazioni a più adeguati rapporti con gli utenti; le Autorità di controllo Consob, Isvap, Bankitalia, a più incisive attività a tutela dei diritti dei cittadini.

Adusbef ha affrontato la questione dei mutui usurari; degli interessi anatocistici sui conti correnti bancari; la continua lievitazione dei costi di gestione dei conati bancari gravati da nuovi balzelli; il caso della Bipop-Carire; la vicenda dei bond Argentini collocati dalle banche presso i risparmiatori; contribuito alla condanna del cartello di 39 compagnie assicurative in merito alla RC Auto, con premi lievitati del 95 per cento negli ultimi sei anni (è in corso, da dicembre 2002, la campagna per chiedere ed ottenere il ristoro dei danni causati dal cartello delle compagnie, bloccata dal decreto 18/2003); scovato oneri impropri gravanti sulle bollette Telecom "la tassa sui campanelli" per ascoltare lo squillo del telefono.

Adusbef ha circa 110 sedi in Italia ed è membro della Federazione Utenti Bancari Europei fondata con associazioni di Spagna, Francia, Olanda, Gran Bretagna, operanti nei settori bancario, finanziario, assicurativo dal Sito Ufficiale ADUSBEF , http://www.adusbef.it/adusbef.asp

operativa sul territorio nazionale, articolandosi in filiali regionali e provinciali, ha effettuato studi sul sistema bancario di molte regioni italiane partecipando inoltre ad un progetto internazionale (finanziato dalla Commissione Europea) sui servizi bancari ed assicurativi europei.

Cosa altresì sicuramente positiva è che l' ADUSBEF focalizzato i suoi sforzi, oltre che all'assistenza dei singoli consumatori che ad essa si rivolgevano, anche per avviare campagne di sensibilizzazione e per affrontare, tramite i professionisti suoi associati, casi di rilevanza nazionale, tra le quali ricordiamo:

- la denuncia al Gruppo bancario Bipielle per gli scandalosi addebiti di

centinaia di euro effettuati d'iniziativa della banca sugli estratti conto di

fine anno per servizi mai richiesti e neppure erogati;

- nella seconda metà del 2004 ha visto l'intervento sul fronte dei prezzi, dalla benzina alle tariffe elettriche e del gas;

- nel 2005, si sono susseguite sentenze di condanna contro le banche, sia sul versante della collocazione illecita di bond, sia su quello dell'anatocismo, mentre migliaia di correntisti affidati si sono rivolti all'ADUSBEF per valutare ed impostare un eventuale procedimento giudiziario.

È stata forse proprio quest'ultima l'azione associativa socialmente più incisiva: per la prima volta non solo privati correntisti, ma, soprattutto, società affidate hanno visto nell'ADUSBEF un riferimento concreto in grado di azionare, contro le illegittimità bancarie, le leve a disposizione per il recupero di posizioni più corrette e per ricondurre l'azione delle banche in un ambito di legge[55].

Un associazione, insomma, decisamente fondamentale non solo per tutelare il consumatore, ma anche per insegnarli in via successiva a come muoversi nel sistema bancario al fine di eliminare qualsiasi tipo rischio: con cautela e precisione. Si perché, è pacifico intendere che le volte successive il cliente andrà ad ottenere un servizio, acquistare un prodotto o addirittura stipulare un qualsiasi contratto bancario, avrà sicuramente una conoscenza più ampia.

---

[55] Wikipedia enciclopedia, Sito Ufficiale

Ma rimaniamo intanto con i piedi per terra e andiamo per ordine.

I metodi stragiudiziali più efficienti previsti dalla normativa italiana per la risoluzione delle controversie bancarie e finanziarie sono il risultato di una stratificazione avvenuta nel tempo, che ha portato ad una molteplicità di strumenti purtroppo non molto conosciuti dal grosso pubblico. Vediamo i principali:

- Ombudsman-Giurì bancario ;

- Arbitro Bancario Finanziario;

- Mediatore civile (D.Lgs. 28/2010 e D.M. 180/2010)

Ci sono poi le procedure relative ai prodotti multiramo (combinazione di contenuti assicurativi e finanziari) (Consob Isvap, Comunicazione del 28 dicembre 2007).

Non sono regolate dall'ordinamento, ma non sono certamente escluse, la mediazione volontaria e la negoziazione diretta (che adotti metodi e tecniche di mediazione).

Nel 1993 l'Associazione Bancaria Italiana diede vita ad un sistema di soluzione stragiudiziale delle controversie banca/cliente basato su un doppio livello[56]:

- un Ufficio Reclami, all'interno di ogni ente creditizio socio ABI, competente a gestire le lamentele di tutta la clientela per qualunque tipo di operazione o servizio; il reclamo doveva essere presentato per scritto e l'azienda doveva rispondere entro 60 giorni;

- l' Ombudsman bancario (organismo collegiale con sede in Roma e composto di cinque membri, di nomina bancaria e del mondo professionale), cui si potevano rivolgere i soli consumatori, che avessero già inviato reclamo alla banca, al quale non fosse stata data risposta entro i 60 giorni, o questa non fosse stata favorevole, e per importi fino a 5.000.000 di lire.

Successivamente è stato mantenuto il duplice livello, ma sono stati apportati importanti cambiamenti da non sottovalutare: la competenza oggettiva continuava ad essere riferita alle controversie relative a qualunque materia nei rapporti tra clienti e banche/ intermediari finanziari; però i

---

[56] GIOVANNI MATTEUCCI, *Mediazione bancaria: quanto costa*, Articolo del 21.10.2011 su Altalex quotidiano di informazione giuridica, sito web www.altalex.com

clienti non erano più solo i "consumatori", ma tutti (quindi anche professionisti, aziende, istituti ed enti) e il valore della controversia aumentava ad euro 100.000.

Istituito l' Arbitro Bancario Finanziario presso la Banca d'Italia, competente per le controversie relative a prodotti e servizi bancari, l'Ombudsman ha limitato la sua sfera di azione ai *servizi ed attività di investimento* ed è confluito nel Conciliatore Bancario Finanziario. Per cui dal 15 ottobre 2009 per l'Ombudsman-Giurì Bancario è entrato in vigore il "Regolamento per la trattazione dei reclami e dei ricorsi in ateria di servizi e attività di investimento", in base al quale[57] :

- il reclamo deve essere fatto per iscritto (con lettera raccomandata e ricevuta di ritorno, per via informatica, o consegna allo sportello –anche su prestampato dell'azienda– dove è intrattenuto il rapporto, contro rilascio di ricevuta) e deve contenere gli estremi del ricorrente, i motivi del reclamo, la sottoscrizione o analogo elemento che consenta l'identificazione certa del cliente;

- "l'ufficio Reclami provvede ad evadere tempestivamente le richieste pervenute, nel rispetto di quanto disposto dall'art.

---

[57] ancora GIOVANNI MATTEUCCI, *Mediazione bancaria: quanto costa*, Articolo del 21.10.2011 su Altalex quotidiano di informazione giuridica, sito web www.altalex.com

17 del provvedimento 29 settembre 2007 adottato dalla Banca d'Italia e dalla Consob, ai sensi del quale gli intermediari garantiscono la sollecita trattazione dei reclami ricevuti, rendendo preventivamente note le modalità e i tempi della loro trattazione"

- se al reclamo non è stata data risposta tempestiva o è stato respinto o, se accolto, non gli è stato dato seguito, il cliente dell'intermediario finanziario può rivolgersi all'Ombudsman, purché il reclamo non sia stato portato all'esame dell'Autorità Giudiziaria o di un arbitro, né sia oggetto di procedimento di mediazione; il ricorso abbia ad oggetto l'accertamento di diritti obblighi o facoltà per qualsiasi valore; se è richiesta la corresponsione di una somma l'importo non deve superare euro 100.000.

Tutto il procedimento avviene su base documentale (fornita dal cliente e dalla banca), non c'è assolutamente alcuna prova testimoniale. La giurisdizione dell'Ombudsman è limitata al solo danno patrimoniale patito dal cliente ed al suo eventuale risarcimento. Entro 90 giorni dal ricevimento del ricorso l'Ombudsman emana la decisione, che attenzione, è *vincolante per la banca o per l'intermediario*, non per il cliente. Questi può in qualunque momento adire la mediazione, l'arbitrato, l'Autorità giudiziaria; le uniche spese a suo carico sono quelle per la spedizione del reclamo alla banca e del ricorso all' Ombudsman (più un'eventuale assistenza legale, da lui scelta, nella presentazione del ricorso e delle memorie).

Nel 2005 fu emanata la legge sul risparmio (L. 28 dicembre 2005, n. 262), la quale all'articolo 27 delegò il Governo ad adottare mezzi di risoluzione stragiudiziale delle controversie[58]:

- in materia di servizi di investimento, da tempo riservata alla Consob e

- in materia di trasparenza delle operazioni e dei servizi bancari, settore di competenza della Banca d'Italia (al T.U. Bancario, D.Lgs. 1° settembre 1993, n. 385, fu aggiunto l'articolo 128-bis: banche ed intermediari finanziari "aderiscono a sistemi di risoluzione stragiudiziale delle controversie con la clientela".)

Come conseguenza sono stati costituiti nel 2007 una Camera arbitrale e di conciliazione presso la Consob e nel 2009 l'Arbitro Bancario e Finanziario presso Banca d'Italia,

---

[58] Ancora GIOVANNI MATTEUCCI, *Mediazione bancaria: quanto costa*, Articolo del 21.10.2011 su Altalex quotidiano di informazione giuridica, sito web www.altalex.com

organismi con operatività completamente differente tra loro: di tipo semplificativo/consensuale la prima, decisorio/aggiudicativo il secondo.

Passando all'Arbitro Bancario Finanziario (ABF) possiamo invece dire è una figura che rappresenta un nuovo "sistema di risoluzione stragiudiziale delle controversie"[59] incardinato presso la Banca d'Italia e istituito in esecuzione della previsione dell'art. 128 bis del Testo Unico Bancario. La possibilità di rivolgersi all'ABF presuppone la presentazione di un reclamo e cioè , secondo la definizione datane dalla Banca d'Italia "ogni atto con cui un cliente chiaramente identificabile contesta, in forma scritta ad esempio lettera, fax, e-mail, all'intermediario, un suo comportamento o un'omissione"[60] .

E' previsto dalle regole di Trasparenza che al cliente vengano fornite informazioni sulle possibilità e modalità di presentare reclami e di ricorrere a sistemi stragiudiziali di

---

[59] "Più precisamente" per sistema di risoluzione stragiudiziale delle controversie si intende l'insieme formato dall'organo decidente, composto in funzione degli interessi degli intermediari e dei clienti coinvolti nella controversia, dal procedimento e dalle relative strutture organizzative regolati dalla presente disciplina" (così recita il provvedimento della Banca d'Italia SEZ. I par. 3 int. Definizioni), tratto da Libero Giulietti

[60] Provv. 18 giugno 2009 SEZ. VI par. 3.

risoluzione delle controversie. L'informativa sui mezzi di tutela di cui il cliente dispone, deve essere presente in vari documenti di trasparenza, o specificamente dedicati ai mezzi in argomento come ad es. l'apposita Guida per l'accesso all'ABF, o aventi carattere più generale, come il documento sui Principali Diritti del cliente o i Fogli Informativi[61].

Il procedimento è tanto facile da poter essere condotto anche senza l'assistenza di un'associazione di categoria o di un professionista (è comunque ammissibile e in certi casi sicuramente consigliabile); si precisa che ci si può rivolgersi all'Arbitro solo **dopo aver provato di risolvere il problema direttamente con la banca** o l'intermediario del caso, presentando un reclamo (tramite modulo già predisposto) in Banca d'Italia entro 30 giorni dal rigetto o dalla mancata risposta al reclamo presentato alla banca e non potrà essere più presentato una volta decorsi 12 mesi dalla data di invio del reclamo stesso. Una copia del ricorso con le modalità previste per l'acquisizione della data certa viene inviata all'intermediario. Una volta ricevuta la copia del ricorso, l'intermediario ha 30 giorni di tempo per inviare

---

[61]Libero Giulietti avvocato, *Arbitro Bancario Finanziario(ABF)*, sosonline.aduc.it Sito Web Ufficiale, 30 ottobre '09

all'arbitro le sue deduzioni (15 in più se l'invio avviene tramite una associazione di categoria). A questo punto l'ABF ha 60 giorni per pronunciarsi; vi è però la possibilità di una sospensione di ulteriori 60 giorni qualora vengano richiesti alle parti ulteriori elementi utili per la decisione. La procedura non presenta costi a carico del ricorrente; è previsto solo il pagamento di € 20 rimborsabili in caso di accoglimento totale o parziale del ricorso; l'onere a carico della banca è invece di € 200 per il caso di accoglimento totale o parziale del ricorso.

Il collegio decide a maggioranza dei componenti Tentativi di conciliazione o ricorsi al giudice sono comunque possibili, ma in tal caso la procedura sarà rispettivamente sospesa o dichiarata estinta.

L'ABF comunica entro 30 giorni la decisione alle parti e l'Intermediario ha 30 giorni per attuarla, salvo diverso termine espresso[62].

Le parti coinvolte mantengono la possibilità del ricorso all'autorità giudiziaria.

---

[62]ArtigianFidiVicenza Società Cooperativa-Associazione Artigiani della Provincia di Vicenza, Sito Web ufficiale,
http://www.artigianfidivicenza.it/News/dw_43_2315_20151.html

È importante rilevare che gli esiti dei ricorsi sono valutati a fini di vigilanza dalla Banca d'Italia che li considera alla stessa stregua di esposti e denunce da cui possono anche partire accertamenti che sfociano in sanzioni. I ricorsi riguardano prevalentemente **mutui, conti correnti** (inclusi i prodotti e i servizi a questi connessi come le carte di pagamento), **credito al consumo e questioni di trasparenza**, all'Arbitro Bancario Finanziario dunque possono essere sottoposte tutte le controversie aventi ad oggetto l'accertamento di diritti, obblighi e facoltà indipendentemente dal valore del rapporto al quale si riferiscono.

Nel caso, invece, che la questione riguardi il passaggio di una somma di denaro, il limite è stabilito per un massimo di € 100.000. In ogni caso, rientra nella competenza dell'Arbitro bancario il credito al consumo;

Non possono essere invece sottoposte all'Arbitro Bancario Finanziario le questioni[63]:

---

[63]Libero Giulietti avvocato, *Arbitro Bancario Finanziario(ABF)*, sosonline.aduc.it Sito Web Ufficiale, 30 ottobre '09

a. di risarcimento danni che non siano conseguenza esplicita dell'inadempimento o della violazione dell'intermediario;

b. concernenti beni materiali o servizi differenti da quelli bancari e finanziari oggetto del contratto tra il cliente e l'intermediario cioèdi contratti ad esso connessi come ad esempio, quelle riguardanti eventuali vizi del bene concesso in leasing fornito mediante operazioni di credito al consumo;

c. quelle riguardanti le forniture connesse a crediti commerciali ceduti nell'ambito di operazioni di factoring;

d. preventivamente sottoposte all'autorità giudiziaria anche sotto forma di adesione ad una class action, ad arbitri, a tentativo di conciliazione. Tali iniziative sono impeditive ove avvenute anteriormente alla presentazione del ricorso all'Arbitro Bancario Finanziario; qualora assunte dopo, possono avere diversa disciplina.

Infine, per essere precisi, è corretto e positivo indicare che in Italia ci sono 3 collegi, uno al Nord (Milano), uno al Centro (Roma), uno al Sud (Napoli). Quello di Milano quindi è competente per tutte le controversie che sorgono nella Regione Veneto.

L'ABF ha 5 componenti. Il Presidente e altri due sono nominati dalla Banca d'Italia, uno è attribuito dalle associazioni degli Intermediari e uno dalle associazioni dei Clienti. Tutti i membri devono possedere requisiti professionali e morali di alto profilo e non devono presentare elementi di conflitto d'interesse con il ruolo di arbitro[64].

Il ricorso all'ABF, insomma, comporta molti vantaggi: economicità, rapidità, effettività, imparzialità ed assicura un effettivo accesso alla giustizia per il contraente "debole"; in sintesi permette ai clienti di ottenere in tempi brevi la decisione da un organismo imparziale, qualificato e al contempo rappresentativo degli interessi coinvolti non considerando inoltre che già di per se l'ABF sbriga un compito deterrente nei confronti degli intermediari perché riduce gli ostacoli a far valere i diritti dei clienti, ha un naturale effetto disciplinante sul mercato. Le aspettative che riponiamo nell'ABF sono notevoli e la Banca d'Italia, se

---

[64]ancora ArtigianFidiVicenza Società Cooperativa-Associazione Artigiani della Provincia di Vicenza, Sito Web ufficiale, http://www.artigianfidivicenza.it/News/dw_43_2315_20151.html

vuole, ha tutti gli strumenti (non solo quelli reputazionali previsti dalla normativa) per farlo funzionare e farlo divenire uno strumento di recupero della legalità e della correttezza troppo spesso abbandonate dalle banche[65].

Ma passiamo adesso all'altra figura sopra menzionata: il mediatore civile.

Con il Decreto Legislativo n. 28 del 4 marzo 2010, per la composizione dei conflitti tra soggetti privati relativi a diritti disponibili, è stato introdotto un nuovo istituto giuridico: la mediazione civile.

Anche questo istituto fa parte delle procedure alternative di risoluzione delle controversie ed è attuato attraverso l'intervento del mediatore, terza persona imparziale, professionale ed esperta, connotata da canoni di assoluta informalità e finalizzata ad evitare l'insorgere di eventuali contenziosi[66]. In parole povere il mediatore deve condurre la parti ad un accordo amichevole che le soddisfi entrambi.

---

[65]ancora Libero Giulietti avvocato, *Arbitro Bancario Finanziario(ABF)*, sosonline.aduc.it Sito Web Ufficiale, 30 ottobre '09

[66] GIUSEPPE CASSANO-SALVATORE DE FRANCISCIS-CARLO DE LUCA-LILIANA GIANNONE, La Mediazione, CEDAM 2012, pag. 7 e ss.

Largamente diffusa da molto tempo negli Stati Uniti, in Gran Bretagna e negli altri Paesi di Common Law[67] è efficace in ogni situazione ed è molto rapida nei tempi in quanto, come previsto dal legislatore, una controversia può durare al massimo quattro mesi. Inoltre proprio il legislatore ha deciso che per alcune materie la mediazione è obbligatoria ovvero condizione di procedibilità assoluta; tra queste materie troviamo con piacevole stupore i contratti assicurativi, bancari e finanziari.

Anche in questo caso la prassi è molto semplice: la parte "lesa" (chiamata istante) procede al pagamento di euro 40,00 quali spese di avvio procedimento ed invia la richiesta di mediazione all'organismo di mediazione accreditato dal Ministero a lui preferito.

A questo punto l'organismo di mediazione, o il mediatore stesso attribuito dall'organismo di mediazione, provvederà a contattare la controparte e a fissare l'incontro di mediazione entro 15 giorni dal deposito della richiesta di avvio. Il mediatore nell'incontro (o negli incontri fino ad un massimo

---

[67] Il sistema del Common law è un modello di ordinamento giuridico, di matrice anglosassone, basato sui precedenti giurisprudenziali più che su codici o, in generale, leggi e altri atti normativi di organi politici, Wikipedia enciclopedia, Sito Ufficiale

di quattro mesi) ascolta le parti in seduta congiunta e/o separata cercando di trovare e far trovare un accordo alle parti, un accordo creativo che appunto non deve prevedere esclusivamente e obbligatoriamente il perseguimento di iter normativi o economici dettati dal caso. Se la mediazione ha esito positivo, il media-conciliatore predispone il verbale di accordo tra le parti, se invece è negativo predispone una proposta per le parti che se non dovessero accettare possono optare per altre vie stragiudiziali oppure adire la giustizia ordinaria.

C'e da dire che con la mediazione i costi, a confronto della via giudiziale, sono molto buoni in quanto commisurati al valore della lite, ovvero (spese per ciascuna parte)[68]:

Fino a € 1.000:   € 65;

da €1.001 a € 5.000:   €130;

da € 5.001 a € 10.000:   € 240;

da € 10.001 a € 25.000:   € 360;

da € 25.001 a € 50.000:   € 600;

da € 50.001 a € 250.000:   € 1.000;

[68] Fonte sito web Ministero della giustizia, www.giustizia.it

da € 250.001 a € 500.000:	€ 2.000;
da € 500.001 a € 2.500.000:	€ 3.800;
da € 2.500.001 a € 5.000.000:	€ 5.200;
oltre € 5.000.000:	€ 9.200.

E' bene infine precisare che essendo puramente un ADR creativa ovvero dove non si giudica o decide ma si cerca solo di trovare accordi e soluzioni che soddisfino a pieno i bisogni delle parti, più è un bravo comunicatore nonché negoziatore il mediatore-conciliatore, più c'e possibilità di evitare il giudizio. E' pacifico intendere che il mediatore non deve conoscere sola la giurisprudenza ma più che altro deve conoscere come si fa a creare empatia con le persone, tra le persone, tra le situazioni oltre ad avere una spiccata velocità mentale verso la ricerca di soluzioni pratiche caso per caso.

In conclusione, il termine tutela, al giorno d'oggi deve coincidere con celerità, praticità e professionalità: è decisamente giusto avere modi di risoluzione delle controversie più agevoli e comprensibili da tutti al fine di salvaguardare l'economia cittadina e statale.

Fa fede a tale realtà il convincimento che per quanto un procedimento spedito e sintetico possa ridurre i tempi di trattazione della causa, e perciò, concedere ai giudici di ottimizzare il loro operato, solo una consone politica di gestione delle risorse disponibili potrà servire al recupero di un leale funzionamento della giustizia stessa (partendo anche da una modernizzazione proprio degli uffici di giustizia), assicurando la corrispondenza tra la difficoltà della materia e la capacità del giudice chiamato ad appianare la questione[69].

Per farla breve, la buona "struttura di tutela" del sistema italiano sta crescendo, o così sembra, per far si che si possa risolvere controversie finanziarie (e non solo) in maniera economica ed in tempi rapidi tramite figura professionali altamente specializzate.

---

[69]MIRELLA PELLEGRINI, *Le controversie in materia bancaria e finanziaria*, CEDAM 2007, pag. 373 ss

BIBLIOGRAFIA

ADNKRONOS Gruppo, *Crack Parmalat, Tanzi chiede perdono: "Oggi sono un uomo solo"*, ultimo aggiornamento: 20 aprile 2010, Sito Web Ufficiale, http://www.adnkronos.com/IGN/News/

ALPA G., CAPRIGLIONE F., *Commentario al Testo Unico delle disposizioni in materia di intermediazione finanziaria*, CEDAM, Padova, 1998

AMBROSETTI – The European House -Presentazione dell'Indice della Cultura Finanziaria del Consorzio PattiChiari (ICF PattiChiari) , *L'EDUCAZIONE FINANZIARIA IN ITALIA - La prima misurazione del livello di cultura finanziaria degli italiani*, http://www.pattichiari.it/allegati/RappAmbrosetti.pdf, novembre 2008

AIR OSSERVATORIO, Sito Web Ufficiale della - http://www.osservatorioair.it/?page_id=769

BANCA D'ITALIA, Sito Web Ufficiale della - http://www.bancaditalia.it/

BANCA D'ITALIA, "Elementi per una riforma dei mercati mobiliari", in Bollettino Economico, n. 25, 1995

BANCA D'ITALIA-EUROSISTEMA (Tratto da), *I principali organismi e gruppi internazionali a cui partecipa la Banca d'Italia* › **Financial Stability Board (FSB), 2010**

BANCA MONDIALE, Sito Web Ufficiale della - http://www.worldbank.org/

BASSI N., *Principio d legalità e poteri amministrativi* impliciti, Giuffrè 2001 ; F. MERUSI, *I sentieri interrottidella legalità,* in *Quad. cost.* 2006

BESSONE MARIO, Mercato *Finanziario e regole di vigilanza . Le grandi linee del sistema e i problemi della net.economy –* DIRITTO.IT, ottobre 2001

BIONDANI PAOLO, *Associazione per delinquere nel crac Parmalat,* «Corriere della Sera», 5 novembre 2004

BIRS, Articolo I dell'ATTO DI ADESIONE alla

BLAPAIN, HEPPE, SCIARRA, WEISS, Fondamental Social Rights: Proposal for the European Union, Leuven, Peeters, 1996

BORSA ITALIANA, Sito Web Ufficiale della - http://www.borsaitaliana.it/

BRESCIA MORRA C. *"Verso un sistema bancario e finanziario europeo?"* - Le fonti del diritto finanziario in Europa e il ruolo della autoregolamentazione, in Ente per gli studi monetari, bancari e finanziari "LUIGI EINAUDI"

CAMPAGNA PER LA RIFORMA DELLA BANCA MONDIALE, Editoriale , aprile 2010

GIUSEPPE CASSANO-SALVATORE DE FRANCISCIS-CARLO DE LUCA-LILIANA GIANNONE, La Mediazione, CEDAM 2012

CASSAZIONE CIVILE, Sito Web Ufficiale della Corte Suprema di Cassazione, http://www.cortedicassazione.it/

CLARICH M., *Autorità indipendenti,* IL MULINO , 2005

CONSIGLIO DI STATO, VI Sez. Sez. VI, 17 ottobre 2005 n. 5827, sulla delibera dell'AEEG Stato, Sez. VI, 12 febbraio 2000 n. 2987, e in seguito TAR Lazio, Sez. I, 18 giugno 2007 n. 5522 e 5523, 11 aprile 2006 n. 2007, ha esteso l'obbligo di consultazioni e motivazione all'AEEG, realizzando in via interpretativa l'assunto di CAPRIGLIONE F., *Crisi di sistema e innovazione normativa : prime riflessioni sulla nuova legge sul risparmio,* in *Banca e borsa* 2006, secondo il quale l'art. 23 della legge deve essere esteso a tutte le autorità indipendenti. In tal senso sembrerebbe sanabile la illegittimità delle leggi sulle autorità indipendenti che non prevedano l'obbligo delle consultazioni e della motivazione relativa. *Contra* v. però G.

CONVERSO Rosaria, *"BANCHE E INTERMEDIARI. CINQUE IMPERATIVI CATEGORICI: DILIGENZA, CORRETTEZZA, TRASPARENZA, INFORMAZIONE ED ADEGUATEZZA",* 27 gennaio 2009, in reportorio giuridico online PERSONA E DANNO a cura di Paolo Cendonù

CONSIGLIO NAZIONALE DELL'ECONOMIA E DEL LAVORO Bilancio consuntivo dello Stato anni 2000-2003, elaborazione su dati della Ragioneria Generale dello Stato

CONSOB, Sito Web Ufficiale della - http://www.consob.it/

COSTITUZIONE ITALIANA La , Edizione Simone; Sito Web http://www.governo.it/governo/costituzione/principi.html

DELLA CANANEA G., *Gli atti amministrativi general,* Padova, Cedam, 2000

DIRITTO ANTITRUST (Tratto dalla Raccolta), *proprietà intellettuale ed industriale,* 2006

DIZIONARIO GIURIDICO, *perequazione tributaria,* Edizione Simone 2009

DIZIONARIO-ITALIANO.IT, Sito Web Ufficiale dizionario della lingua italiana, http://www.dizionario-italiano.it/

ESTERI.IT, Sito Web Ufficiale degli - http://www.esteri.it/MAE/IT/Politica_Estera/Organizzaz ioni_Internazionali/BancaMondiale.htm

FONDO MONETARIO INTERNAZIONALE, Sito Web Ufficiale del - http://www.imf.org/external/index.htm

GAZZETTAUFFICIALE. IT, Sito Web Ufficiale della Gazzetta Ufficiale della Repubblica Italiana, http://www.gazzettaufficiale.it/

GIULIETTI LIBERO avvocato, *Arbitro Bancario Finanziario(ABF),* sosonline.aduc.it Sito Web Ufficiale, 30 ottobre '09

GRISOLIA, *Alcune considerazioni sul potere normativo del Garante per la protezione dei dati personali dalla legge n. 675 del 1996 al Codice in materia di protezione dei dati personali*, in CARETTI P. (a cura di) , Osservatorio sulle fonti

GROSSO E., *Autorità indipendente o autorità onnipotente ? Il potere normativo di fatto del Garante per la protezione dei dati personali*, in LOSANO M. (a cura di) La legge italiana sulla privacy, Laterza 2001

HILLGENBERG H., "A fresh look at soft law", EJIL, 1999

INTERMEDIARI ASSICURATIVI RUI: *NOTIZIE, NORMATIVE E ATTIVITA' ISVAP*, portale Web Ufficiale http://www.intermediariassicurativi.it/

INFODIR.NET ENCICLOPEDIA, *Autorità indipendenti* , 2005 http://www.degrazia.it/infodirnet/

KAVALJIT SINGH Traduzione di GRACIOTTI MICHELA, Documento originale Parmalat's Fall, *Il crack Parmalat L'Enron d'Europa?*, Febbraio 2004 Znet

LEONARDO.IT, il portale quotidiano, Sito Web Ufficiale http://www.leonardo.it/

LOWI T. J., Legitimizing Public Administration : A Disturbed Dissent, in Public Administration Review 1993

Luciano Ciafardini - Fausto Izzo, Codice Civile 2009 + Appendice di aggiornamento - Annotato con la Giurisprudenza, edizione Simone 2009

MANETTI MICHELA, raccolta *I regolamenti delle autorità indipendenti*, testo tratto in pdf su Sito Web Associazione dei Costituzionalisti

MANGIATORDI BRUNO e AMBROGIO RINALDI, *LE REGOLE DELLA BUONA EDUCAZIONE FINANZIARIA* - Finanza e Pensioni , www.lavoceinfo Sito Web Ufficiale, giugno 2008

GIOVANNI MATTEUCCI, *Mediazione bancaria: quanto costa,* Articolo del 21.10.2011 su Altalex quotidiano di informazione giuridica, sito web www.altalex.com

MC CALL, *Predatory pricing: an economic and legal analasys; The Anti-trust Bulletin,* 1987

MEGALE GAETANO, SORGI SERGIO (Prefazione di LAUREN E. WILLIS), *Guida all'Educazione Finanziaria,* GRUPPO24ORE-finanza e mercati, 2010
MERCATI REGOLAMENTATI Art. 61, Titolo I Disciplina dei Mercati, Capo I

MINISTERO DELLA GIUSTIZIA, sito web ufficiale
www.giustizia.it
MISTER PROFIT, Magazine di Analisi Tecnica: *Il Mercato dei Capitali,* Anno XII - n. 538, 12.08.2010

MODUGNO F. (a cura di), Sulla controversa vicenda legata alla prima applicazione della legge sulla parità nelle competizioni elettorali v. gli scritti raccolti in *Par condicio e Costituzione,* Giuffrè 1997.

MORBIDELLI G., *Il principio di legalità e i c.d. poteri impliciti,* in Dir.amm. 2007

MONCARDA P. , CIUPAGEA C. PICCALUGA A., L'innovazione *in Italia: persiste il modello senza ricerca?,* in "L'industria", n°3 del 2006

MOSTACCI EDMONDO, *La soft law nel sistema delle fonti: uno studio comparato,* CEDAM, Padova 2008

NATALINI ALESSANDRO, VESPERINI GIULIO pubblicato il **14/01/2010** in MERCATO & REGOLE

NAZIONE La , Quotidiano Storico di Firenze

NAZIONE La, Quotidiano Storico di firenze, Sito Web Ufficiale http://www.lanazione.it/

NONSOLOPRESTITI.COM, Sito Web Ufficiale, art. *Il mediatore creditizio ed il suo ruolo*, http://www.nonsoloprestiti.com/info/

Notizie.PARMA.it, Rassegna stampa del Corriere della Sera: *"Parmalat, ecco tutte le accuse a Tanzi*, http://notizie.parma.it/

PASTRENGO MARCELLO, Etica e regole per garanmtire un mercato finanziario efficiente, per educare i risparmiatori e per recuperare fiducia sui mercati: *un dibattito destinato ad alimentarsi sempre di più, 2003*

PATTICHIARI.IT, Sito Web Ufficiale http://www.pattichiari.it/

PELLEGRINI MIRELLA, *Le controversie in materia bancaria e finanziaria*, CEDAM 2007

PICARIELLO LUIGI SALVATORE, La performance
dei fondi comuni di diritto italiano, 2010

PROGETTO DI TRATTATO che istituisce una
Costituzione per l'Europa (18.07.2003), http://european-
convention.eu.int/bienvenue.asp?lang=IT

PRESTITOTTO - *testata giornalistica, art. Novità sulla Riforma
del Testo Unico Bancario,* giugno 2010,
http://www.prestitotto.it/

PREVIDENZA-PROFESSIONISTI.IT, articolo: *Contratto
di franchising: Quadro generale ed un modello di contratto di
franchising,* Sito Web Ufficiale http://www.previdenza-
professionisti.it/

PUCCINI, *op.cit.,* 40, secondo il quale le uniche garanzie
procedimentali valide sono quelle previste dalla legge.

RAGIONERIA GENERALE DELLO STATO a cura
della, Rendiconto generale dello Stato anni 2004-2008

Report.RAI.it, http://www.report.rai.it/

RESCIGNO G.U., *Sul principio di legalità,* in Dir. pubbl. 1995

SHARIF A., *"Contemporary affairs in international contracts: a brief discourse on Unidroit"*, New England International and Comparative Law Annual

SOLDIONLINE quotidiano economico e finanziario online, Sito Web Ufficiale http://www.soldionline.it/

SOLE 24ORE Il, Quotidiano economico e finanziario

SOLE 24Ore Il, Quotidiano economico e finanziario, Sito Web Ufficiale http://www.soldionline.it/

TESTO UNICO BANCARIO (TUB), tratto dal Sito Ufficiale di banca d'Italia http://www.bancaditalia.it/vigilanza/banche/normativa/le ggi/tub

TESTO UNICO INTERMEDIAZIONE FINANZIARIA (TUIF), tratto dal Sito Ufficiale del Dipartimento del Tesoro http://www.dt.tesoro.it/it/regolamentazione_settore_finan ziario/servizi_attivita_investimento/tuif.html

TRIFILIDIS MAURIZIO, *L'educazione finanziaria: le iniziative a livello internazionale*, editoriale DirittieMercato numero 2/2009

WALL STREET JOURNAL (Rassegna Stampa del), redazione di <u>Parma</u>: *"Behind Parmalat Chief's Rise: Ties to Italian Power Structure"*

WIKIPEDIA, Enciclopedia Multimediale http://it.wikipedia.org/wiki/Pagina_principale